L'HOTEL

DE

SAINT-FARGEAU

A PARIS

PAR

Charles SELLIER

Extrait de la *Correspondance historique et archéologique*
(Année 1895)

SAINT-DENIS
IMPRIMERIE H. BOUILLANT
20, RUE DE PARIS, 20

1895

L'HOTEL

DE

SAINT-FARGEAU

A PARIS

I

La Ville de Paris a pris possession, il y a quelques mois, de l'ancien hôtel de Saint-Fargeau, — suivant bail de location avec promesse de vente, — afin d'en faire une annexe de Carnavalet, son voisin, devenu trop étroit pour sa bibliothèque et son musée.

Situé au numéro 29 de la rue de Sévigné (autrefois rue Culture-Sainte-Catherine), l'hôtel de Saint-Fargeau se distingue par une grand'porte, assez magistrale, marquée au fronton du monogramme M L P. Les façades, conçues avec la plus grande sobriété d'ornementation, ont néanmoins un très grand air dans leur nudité. A part les refends qui accusent les chaînes d'angle et les saillies d'avant-corps, on dirait que l'architecte n'a pas voulu se permettre ici d'autre luxe que les chambranles moulurés et les consoles à volutes, qui parent les pleins-cintres du cours uniforme et symétrique des baies du rez-de-chaussée. Cependant, au fronton postérieur qui domine le jardin, apparaît l'image du *Temps*, sculptée en haut-relief; mais cette image avec ses funèbres attributs, semble n'y avoir été mise que pour compléter l'aspect mélancolique de la façade.

Ce qui devait toutefois contribuer au charme de cet hôtel, c'est la grande orangerie qui se développe en aile, à droite du jardin, à partir du grand bâtiment principal jusqu'à la rue Payenne, et dont on pouvait jadis admirer la belle ordonnance et le long défilé d'archivoltes. Aujourd'hui, la vue de cette orangerie est en majeure partie dérobée par des magasins et des hangars malencontreux ; il n'en est resté de visible, du côté de la rue Payenne, que quelques travées et une jolie porte, dont le sommet est orné en relief d'une *Vérité* sans voile, tenant un miroir, son inséparable emblème.

Quant à l'intérieur même de l'hôtel, tout ce qui en faisait autrefois la décoration a complètement disparu depuis longtemps. Seul, un petit salon, privé cependant de son ancienne cheminée, conserve encore ses hautes glaces et ses boiseries sculptées, comme pour témoigner de son opulence passée et protester de sa détresse actuelle.

II

L'emplacement sur lequel a été bâti l'hôtel de Saint-Fargeau faisait jadis partie des marais situés au nord-est de l'enceinte de Philippe-Auguste, entre la porte Saint-Antoine et la Vieille-rue-du-Temple. L'abbé de Saint-Victor en était seigneur en partie. Ces marais étaient déjà convertis en cultures, lorsque, vers 1228, Pierre de Brenne en céda un champ aux chanoines réguliers du prieuré de Sainte-Catherine-du-Val-des-Écoliers, établis récemment dans ces parages. Ce champ prit dès lors le nom de *Couture* ou *Culture Sainte-Catherine* (1).

Mais cette culture, assez mal cultivée par la suite, était devenue peu à peu une sorte de terrain vague et désert, d'un très maigre profit pour le prieuré. Sous le règne de François Ier, le palais des Tournelles étant en grande faveur, les chanoines de

(1) Jaillot, *Recherches sur Paris*, t. III, Quartier Saint-Antoine, p. 16; — Sauval, t. Ier, p. 70. — Ce prieuré fut transféré, en 1767, dans l'établissement (aujourd'hui lycée Charlemagne) que les Jésuites avaient occupé rue Saint-Antoine avant leur expulsion. Sur l'emplacement de l'ancien prieuré, on ouvrit, peu après, les rues de Jarente, Necker, Caron et d'Ormesson, et l'on construisit le petit *marché Sainte-Catherine*.

Sainte-Catherine résolurent de spéculer sur la plus-value donnée à leur terrain par ce royal voisinage. Vers 1544, munis du consentement de l'abbé de Saint-Victor, ils sollicitèrent et obtinrent du roi l'autorisation de tracer des rues neuves à travers la *Culture* et de la vendre par lots ou par places (1). A cet effet, il fut établi un plan général de lotissement, où chaque place, ou parcelle, était indiquée par son numéro d'ordre.

Cinq places contiguës furent d'abord vendues au président Jacques de Ligneris, le 18 mars 1544; elles portaient les nos 27, 28, 29, 30 et 31 : c'est la partie occupée, depuis lors, par l'*hôtel Carnavalet* (2). Puis, les parties suivantes correspondant actuellement aux nos 25 et 27 de la rue de Sévigné, furent adjugées à d'autres acquéreurs, et, sur leur emplacement, s'éleva un logis assez vaste, connu sous le nom d'*hôtel de Damville* (3).

Enfin, quatre autres places contiguës, portant les nos 35, 36, 43 et 44 dudit plan général, mesurant ensemble 17 toises 3 pieds de large sur 35 toises et demie environ de profondeur, et contenant une superficie totale de 621 toises carrées, tenant d'une part au sieur Tiercelin et d'autre part à M. de Faulcon, aboutissant par devant à la rue Culture Sainte-Catherine et par derrière à la rue Payenne, furent baillées à Messire Michel de Champrond, chevalier, seigneur de la Bourdinière, de Villecoy et de Croissy-en-Brie, bailli et capitaine de Chartres, suivant contrat passé devant Trouvé et son confrère, notaires à Paris, le

(1) Bien que les rues *Payenne* et *Culture Sainte-Catherine* semblent dater de cette époque, nous croyons cependant pouvoir affirmer qu'elles existaient déjà, sinon à l'état de rues bâties, du moins comme anciens chemins de traverse, appelés dès lors à subir les rectifications nécessitées par la nouvelle destination des terrains avoisinants. On trouve, en effet, ces deux rues mentionnées, dès 1544, dans des titres que nous avons eus sous les yeux, l'une sous le nom de *Payenne*, « conduisant à la Porcherie Saint-Antoine », l'autre sous celui de *Culture-Sainte-Catherine* (Archives nation., S 1016). L'origine du nom de celle-ci est suffisamment évidente; quand au mot *Payenne*, on a jusqu'à présent pensé qu'il vient du nom d'un ancien propriétaire appelé *Payen*.

(2) Voir la notice de M. Jules Cousin sur l'*Hôtel Carnavalet*, publiée dans *La France artistique et monumentale*, t. Ier, pp. 105 et suivantes.

(3) Henri Ier, duc de Montmorency, connu sous le nom de *Seigneur de Damville*, 2me fils du connétable Anne de Montmorency, fut propriétaire de cet hôtel, que posséda après lui Jean de Vienne, contrôleur des finances, par l'acquisition qu'il en fit en 1603; les filles de ce dernier le vendirent, en 1626, aux religieuses de l'*Annonciade céleste*, dites *Filles bleues*, qui en firent leur monastère.

23 mai 1545, moyennant 40 livres tournois de rente perpétuelle dont moitié rachetable, en outre de 9 deniers de cens à payer à l'abbé de Saint-Victor, à cause des 29 sols de cens que ledit abbé a droit de prendre chaque année sur une partie de la Culture Sainte-Catherine (1).

Par suite du redressement des rues « nouvellement bâties », les quatre places acquises par le sieur de Champrond furent augmentées de 79 toises, par contrat du 30 novembre suivant, passé devant les mêmes notaires, moyennant 4 livres 18 sols et 10 deniers de rente, aux mêmes titre et charges que ci-dessus.

Michel de Champrond mourut le 5 janvier 1571 (2). Nous ignorons s'il fit construire lui-même sur son terrain. Quoi qu'il en soit, ses deux contrats d'acquisition, susmentionnés, constituent les deux premiers titres de propriété de l'hôtel de Saint-Fargeau : ce sont d'ailleurs les titres de propriété de cet immeuble qui nous ont fourni, en grande partie, les documents nécessaires à la présente notice.

Après Michel de Champrond, le bien passa aux mains de Me Jean Le Charron, seigneur d'Argent, conseiller du Roi et trésorier général de l'extraordinaire des guerres; ses héritiers en étaient encore détenteurs, notamment Pierre de Bragelongne, aussi trésorier de l'extraordinaire, et son épouse, Marthe Le Charron, fille aînée de Jean Le Charron, qui tous deux en avaient la jouissance, lorsqu'il fut vendu, par décret d'adjudication du 30 juin 1626, à Me Geoffroy Lhuillier, seigneur d'Orgeval et de la Malmaison, conseiller du Roi en ses conseils et maître des Requêtes ordinaire de son hôtel.

L'immeuble est désigné, dans ce décret, comme « une « grande maison... consistant en deux grands corps d'hôtel, « deux cours, une porte cochère et une autre moyenne porte, « jardin derrière, salles, cuisines, écuries, garde-robes, cabinets « et greniers au-dessus, le tout couvert d'ardoises, ainsi qu'elle « se comporte de toutes parts, de fond en comble, etc., etc., « tenant d'une part aux hoirs de feue Mme de Vienne, d'autre « au *petit Arsenal*, allant d'un bout sur la rue Sainte-Catherine « et d'autre bout à la rue Payenne ».

(1) *Archives Nationales*, S 1016, liasse des adjudications faites par la Ville des terrains du *Petit Arsenal*.

(2) *Bibliothèque Nationale*, Manuscrits, Pièces originales, Vol. 665, pièce 115.

Avec son nouveau propriétaire cette « grande maison » aurait mené un assez bruyant train, s'il faut en croire les médisances de Tallemant des Réaux (1) : « D'Orgeval, dit-il, se nomme « Lhuillier : il est de bonne famille ; mais il le porte plus haut « que les tours de Notre-Dame ; sa femme (2) n'est guère moins « fière que luy. Elle avait une grande fille demi-géante (3), avec « un visage d'un arpent, pas mal faite toutefois, à la vérité ; « tout aussi orgueilleuse que sa mère. Elles se mirent dans la « teste, il y a sept ou huict ans, d'avoir, tout l'hiver, les « violons... »

Le même auteur ajoute : « L'année d'après, il y avait bal « trois fois la semaine chez elles. Le mary s'amusait à faire « le maistre de cérémonie ; à tout bout de champ, il livrait « combat aux laquais qui voulaient entrer dans la salle. Il fit « bien pis, car il fit faire une guérite où, tantost luy, tantost « son secrétaire, puis son valet de chambre, faisoient le guet « tour à tour ; et si les laquais vouloient faire quelque inso- « lence, il faisait tirer dessus. Le jour du mardy gras, il « donna un coup d'arquebuse dans la cuisse d'un laquais du « marquis d'Aluye... »

Cette façon, vraiment peu ordinaire de faire les honneurs de la maison, n'empêchait cependant pas les réceptions d'aller leur grand train. On y allait souvent sans invitation, ou bien l'on y était invité sans être connu. « Il faut trouver une place pour « Madame, disait un jour la maîtresse de céans, quoique je ne « sache d'où elle me vient. »

« Une fois, dit encore l'auteur des *Historiettes*, qu'il y avait « du désordre chez M. et Mme d'Orgeval, on leur rompit un « fort beau miroir : Monsieur d'Orgeval ! — cria la dame devant « toute l'assemblée, — notre grand miroir est cassé, nous en « avons pour cinq cens écus dans les fesses. »

Les plaisantes anecdotes de Tallemant des Réaux sur les fêtes données à l'hôtel d'Orgeval s'accordent, du reste, très bien avec certain passage d'une épître en vers adressée à Scarron par un poète anonyme, sous le titre *Ballet des Romans*. L'auteur y

(1) *Historiettes* de Tallemant des Réaux, publiées par MM. de Montmerqué et Paulin Paris, t. VI, p. 87, 88 et 89.

(2) Marie Aubery, fille de Robert Aubery, sieur de Brévannes, président de la chambre des comptes, et d'Anne Gruel, fut mariée au sieur d'Orgeval, en 1627.

(3) Marie Lhuillier.

raconte l'histoire de ce ballet, représenté dans plusieurs maisons particulières et même dansé au Palais-Royal :

> On fut voir Monsieur d'Orgeval,
> Qui, portant la clef de sa porte,
> Avoit mis l'ordre en bonne sorte.
> Servante, page ny valet
> Ne vit danser nostre Ballet :
> Personne n'y trouvant entrée
> Que le voisin de la contrée...
> La salle estoit bien éclairée
> Et de rares beautés parée,
> Et sur toutes, ceste beauté
> Par qui tout cœur est enchanté :
> La belle Marion de Lorme,
> En fauteuil, non sur une forme,
> Fouloit aux piés nombre d'amans... (1).

L'apparition de la « belle Marion de Lorme » trônant à l'hôtel d'Orgeval sur un fauteuil et non sur une banquette, est peut-être la raison qui a fait dire à plusieurs auteurs qu'elle avait habité là. Il paraît cependant mieux établi qu'elle logeait à la Place Royale : témoin l'amusant récit, laissé par Hamilton, sur la manière dont le chevalier de Grammont s'y prit pour déranger à son profit un rendez-vous donné au comte de Brissac par Marion « sous les arcades de la Place Royale », où demeurait la belle (2). D'ailleurs Sauval, rapporte que l'on vit, de son temps, cette « très belle fille » à la Place Royale, sur un lit de parade, après sa mort (3).

Par suite du testament du sieur d'Orgeval, reçu par Moufle, notaire à Paris, en date du 4 avril 1671, l'hôtel de la rue Culture-Sainte-Catherine échut, après son décès, ainsi que la terre d'Orgeval, à Mme la marquise de Sénas, sa fille aînée, tandis que la terre de la Malmaison passait à Mlle Claude Lhuillier, sa fille cadette. La marquise de Sénas était Marie Lhuillier, cette « demi-géante » que nous venons de voir donner, avec sa mère, ces bals où M. d'Orgeval cumulait d'une façon si féroce les fonctions de suisse et de maître de maison. C'est à l'un de ces

(1) Tallemant des Réaux, *loc. cit.*, t. VI, p. 93.

(2) A. Hamilton, *Mémoires du Comte de Grammont*, édition de 1713, t. Ier, p. 240.

(3) Henri Sauval, *La Chronique scandaleuse de Paris*, Bruxelles, 1883, in-8, p. 88.

bals, toujours d'après cette mauvaise langue de Tallemant des Réaux, qu'elle s'éprit d'un beau danseur qui était joli garçon. C'était un huguenot qu'on appelait Charles de Jarente, marquis de Sénas, baron de Lux et autres lieux. Il enleva la demoiselle, au su de Mme d'Orgeval. Le père fit bien le méchant ; mais au bout de quelques années, Sénas ayant changé de religion, tout s'accommoda.

Après la mort de la marquise de Sénas, les créanciers de sa succession ayant saisi réellement la terre et la seigneurie d'Orgeval et la grande maison de la rue Culture-Sainte-Catherine, le lieutenant civil de la Prévoté, Me Jean Le Camus, à la requête des héritiers, désigna d'office deux architectes experts, Jacques Lajoue (1) et Roland Leproust (2), à l'effet de visiter et estimer la maison en question. Il résulte du rapport de ces experts, daté du 18 juin 1686, que cette maison, d'ailleurs très ancienne, était, de fond en comble, en fort mauvais état, et que, vu les nombreux travaux de grosses réparations dont elle avait alors besoin, elle ne valait plus que 57.000 livres.

Un mois après, par contrat du 19 juillet 1686, passé par devant Guillaume Lévesque et Philippe Galloys, notaires à Paris, ensaisiné et homologué par arrêt du Parlement du 26 juillet suivant, Me Geoffroy Alexandre de Jarente, chevalier marquis de Sénas, seigneur d'Orgeval et autres lieux, Me Pierre de Pétra, écuyer, et Louise-Élisabeth de Jarente, son épouse, Anne-Angélique de Jarente, Anne-Louise-Thérèse de Jarente, tous enfants et héritiers de défunte Marie Lhuillier, épouse de Mre Charles de Jarente, chevalier, marquis de Sénas, baron de Lux et autres lieux, cédaient ladite grande maison à Me Michel Le Pelletier, seigneur de Souzy, conseiller d'État et intendant des Finances, demeurant alors rue de la Perle, et à dame Marie Guérin, son épouse, en échange de diverses rentes, sans préjudice du cens à revenir annuellement à l'abbé de Saint-Victor et

(1) Jacques Lajoue, architecte et entrepreneur juré du roi ès œuvres de maçonnerie, construisit, en 1698, les nouveaux bâtiments du grenier à sel (détruits) rue Saint-Germain-l'Auxerrois. Vers 1701, il éleva le château de La Chapelle, près Nogent-sur-Seine. En 1684, il faisait baptiser une fille, dont le parrain fut Jean Beausire, architecte du roi et de la Ville de Paris, mentionné ci-après, dans la présente notice (Lance, *Dictionnaire des Architectes français;* Bauchal, *Nouveau Dictionnaire des Architectes français*).

(2) Roland Leproust, bourgeois de Paris, était architecte des bâtiments du Roi en 1678 (Lance, *loc. cit.*, et Bauchal, *ibidem*).

du douzième denier sur le prix de vente dû au prieuré de Sainte-Catherine. Dans ce contrat, la maison est désignée comme tenant, d'une part, au couvent des religieuses de l'Annonciade Céleste, dites *Filles bleues*, et d'autre part aux héritiers de Mme Le Jay et à l'Arsenal de la Ville, et aboutissant, par derrière, à la rue Payenne, et, par devant, à la rue Culture-Sainte-Catherine.

Avec Michel Le Pelletier, l'immeuble prit un nouvel aspect, en même temps qu'un genre de vie plus calme. Pour commencer, l'ancien hôtel d'Orgeval fut complètement démoli et remplacé par un autre plus vaste, plus important, sur les dessins de Pierre Bullet (1), « qui lui a donné, dit Germain Brice, « tout ce que l'art peut produire pour la commodité et l'agré- « ment ».

« Cette maison, ajoute-t-il, passe pour une des plus considé- « rables de tout ce quartier, quoique d'ailleurs la structure en « paraisse fort simple et dénuée d'ornements; ce qui la dis- « tingue fort aux yeux des connaisseurs, qui font consister une « partie de la beauté des édifices dans la simplicité, et avec de « très justes raisons, puisque la plupart des ouvrages sont gâtés « par la trop grande quantité de compositions chimériques « qui les offusquent et les défigurent ordinairement. Les appar- « tements sont meublés avec entente. On y verra des tableaux « et d'autres choses d'un choix très délicat. L'orangerie de « cette maison, du dessin du même architecte, est un ouvrage « d'une rare beauté (2). »

Parmi les titres de propriété de cette maison, il existe plusieurs documents émanant de Pierre Bullet lui-même, notamment un rapport d'expertise, en date du 22 mars 1687, sur l'état du mur mitoyen séparant le couvent des Filles Bleues de la maison que Michel Le Pelletier venait de faire construire de

(1) Pierre Bullet, élève de Blondel, conduisit sous sa direction les travaux de la porte Saint-Denis, puis éleva, sur ses propres dessins, les portes Saint-Martin et Saint-Bernard, l'église Saint-Thomas-d'Aquin (moins le portail), le quai Le Pelletier, les hôtels Crozat et du comte d'Évreux, place Vendôme; les hôtels Poultier, de Terrat, du banquier Jabach, de Tallard, d'Amelot, de Vauvray, Le Pelletier (rue Culture-Sainte-Catherine); le tombeau d'Anne de Montmorency, dans l'église de ce lieu; le château d'Issy, etc. Il fut architecte de la Ville de Paris, puis du Roi et membre de l'Académie d'architecture (Lance; Bauchal).

(2) Germain Brice, *Description nouvelle de la Ville de Paris* (1706), t. Ier, p. 405.

neuf; lequel rapport fut établi contradictoirement d'une part par Pierre Bullet, comme architecte-expert de M. Le Pelletier, et par Noël Masson, entrepreneur de bâtiments, désigné, d'autre part, aussi comme expert, par le couvent des Filles Bleues.

Enfin, le monogramme M L P est la marque laissée par Michel Le Pelletier au fronton de la porte de son nouvel hôtel.

III

Mais comme, pour l'exécution complète de ses projets de construction, Michel Le Pelletier se trouvait trop à l'étroit dans les limites de l'ancien hôtel d'Orgeval, il s'agrandit successivement du côté de ce qu'on appelait alors le *petit Arsenal*, au moyen de diverses acquisitions qu'il importe aussi de mentionner.

Or, ce qu'on appelait alors le *petit Arsenal* occupait l'emplacement de six places contiguës, portant les n°s 37, 38, 39, 40, 41 et 42, et formant l'extrémité septentrionale du plan général de la Culture-Sainte-Catherine établi en 1544. Par contrat passé, le 16 mai 1545, devant Païen et Trouvé, notaires à Paris, lesdites six places avaient été baillées au sieur François de Faulcon, évêque de Tulle, à la charge de 60 livres de rente perpétuelle, en outre du cens à payer à l'abbaye de Saint-Victor, et du douzième denier dû au prieuré de Sainte-Catherine sur le prix d'acquisition. Mais ce contrat fut annulé, par suite de la renonciation du sieur de Faulcon, le 9 octobre 1546.

Le 21 janvier suivant, les mêmes six places furent baillées, par contrat passé devant les mêmes notaires, au sieur Belot, conseiller au parlement de Paris et au sieur Christophe d'Arfuge, en commun et par indivis, moyennant 67 livres 7 sols 9 deniers de rente perpétuelle, en outre des charges du cens à l'abbé de Saint-Victor, et du douzième denier au prieuré de Sainte-Catherine; lesdites six places désignées, tenant ensemble, d'une part au sieur de la Bourdinière, et d'autre part à la rue qui va au Crucifix (1), près les Fusées (2); aboutissant, par devant, sur la rue Culture-Sainte-Catherine, et par derrière, à la rue Payenne.

Enfin, ces six places appartenaient, en 1551, à un certain Charles Leconte, maître des œuvres de la Ville de Paris, qui y avait fait construire une belle grange, close de murs, pour y loger de la marchandise, lorsque la Ville de Paris en fit à son tour l'acquisition, afin d'y installer son arsenal, pour les raisons que nous allons rappeler.

Jadis, les bourgeois de Paris possédaient à l'Hôtel de Ville des magasins d'armes, qui, dès 1424, consistaient en un grand grenier, appelé le *grand grenier d'artillerie*. Indépendamment de ces magasins, ils avaient, sous François Ier, un arsenal situé derrière les Célestins et composé principalement de deux granges, qu'on nommait les *granges de l'artillerie de la Ville*. En 1533, François Ier emprunta une de ces granges pour y fondre du canon; peu après, il emprunta la seconde, et ne rendit ni l'une ni l'autre. Mais son successeur, Henri II, finit par accorder, en 1549, aux bourgeois de Paris, en dédommagement de l'arsenal dont ils avaient été ainsi dépossédés, trois places de la Cour de la Reine, faisant partie de l'ancien hôtel Saint-Paul, et situées derrière l'église de ce nom; encore fallut-il qu'ils en payassent l'amortissement (3).

Cependant, le 10 mars 1551, la Ville, ayant été avisée par son

(1) La rue « qui va au Crucifix » n'est autre ici que la rue du Parc-Royal. Vers la fin du xve siècle, on avait placé un crucifix au coin de la Vieille-rue-du-Temple et de la rue de la Perle (auparavant dénommée *le chemin qui va à la Culture-Sainte-Catherine*, puis *rue de Thorigny*). Ce crucifix marquait la place atteinte par un débordement de la Seine en 1496; d'où on l'aurait appelé le *Crucifix marque-eau* (Sauval, t. Ier, p. 203); mais l'endroit étant devenu plus tard le refuge d'un certain nombre de filles de joie, ce crucifix leur servit si bien d'enseigne, qu'on ne l'appelait plus autrement que le *Crucifix maquereau* (Sauval, *La Chronique scandaleuse de Paris*, p. 87). De telle sorte que pour faire cesser ce scandale, l'évêque de Paris, en 1580, fit enlever nuitamment ce crucifix et le fit transporter à l'évêché (L'Étoile, 10 mars 1580).

(2) Quant au mot *Fusées*, il désignait un petit fief de ce nom, occupant l'emplacement de l'ancien hôtel de Thorigny, contre l'hôtel Barbette, appelé aussi *hôtel des Fusées*, en souvenir des *fusées* héraldiques d'Isabeau de Bavière.

(3) Sauval, t. II, pp. 325 et suiv.; — Claude Malingre, *Antiquitez de la Ville de Paris*, Paris, 1640, in-fo, p. 679.

contrôleur d'artillerie, Robert de Beauvais, de l'insuffisance de ces trois places et de l'existence, à la Culture-Sainte-Catherine, d'un terrain de 40 toises de long sur 36 de large, récemment acquis par Charles Leconte, maître des œuvres de charpenterie de la Ville, qui venait d'y construire une grange de sept travées, close de murs, et pouvant aisément contenir l'artillerie de la Ville, indépendamment des cours et autres magasins propres aussi au rangement du matériel et des munitions de guerre, il fut aussitôt décidé qu'une commission d'expertise se rendrait sur place afin de se rendre compte des avantages annoncés (1). Cette visite ayant eu lieu, le bureau de la Ville résolut, le 4 juin suivant, d'acquérir le terrain en question avec ses granges et ses magasins, en offrant en échange audit Charles Leconte les trois places de la Cour de la Reine, avec une soulte de quinze cents livres tournois; et, dans le cas où il ne consentirait pas à cet échange, de le payer totalement en deniers comptant, quitte à emprunter, sur constitution de rente, la somme nécessaire, plutôt que de laisser échapper cette acquisition; attendu que ce terrain était au moins trois fois aussi grand que les trois places de la Cour de la Reine; qu'il avait issue en trois rues et que, en outre de la plus grande commodité qu'il offrait, tant pour le rangement de l'artillerie et des munitions que pour la fonte des canons s'il était nécessaire, on pourrait encore « quand on y « vouldroit bastir quelques logis et en prendre la moictié pour « loger ou faire baulx à d'autres, en recouvrer telle somme de « deniers que l'autre moictié ne cousteroit rien à la Ville (2). »

Quelles que soient les conditions auxquelles le maître charpentier Charles Leconte consentit à céder son terrain, il faut croire que les trois places de la Cour de la Reine étaient restées pour compte à la Ville, car, en 1603, celle-ci les baillait, pour une durée de cinquante années, avec les constructions qui y existaient, à Me Charles Marchand, capitaine des archers de la Ville, moyennant un loyer annuel de quatre cens livres (3).

Quant à l'arsenal de la Culture-Sainte-Catherine, — que l'on appelait le *petit Arsenal*, pour le distinguer de l'*Arsenal du roi*, resté définitivement établi derrière les Célestins, à la place de

(1) *Registre des délibérations du bureau de la Ville de Paris*, Paris, 1886, in-4°, t. III, pp. 241-242.

(2) *Registres des délibérations*, *loc. cit.*, t. III, pp. 251-252.

(3) Claude Malingre, *loc. cit.*, p. 679.

l'ancien arsenal de la Ville, — il était loin d'avoir acquis, au point de vue militaire, l'importance qu'on en pouvait attendre, mais bien au contraire, suivant le témoignage de Sauval. « Quelques maisons, dit-il, qui règnent le long de la rue du « Parc-Royal et de celle de la Couture-Sainte-Catherine, qu'on « ne laisse pas de louer à des particuliers, en composent la « principale partie. Il consiste surtout en une grande cour « située à la rue Payenne, et bordée d'un long appenti : là sont « gardées vingt-deux pièces de canon, et quatre douzaines de « boëtes, dont on ne se sert que pour les feux de joie et les « réjouissances publiques (1). »

Cet arsenal devait, en effet, servir à bien peu de chose, puisque le bureau de la Ville, en décidant, le 28 janvier 1649, de contribuer jusqu'à concurrence de cent mille livres à l'emprunt que lui imposait alors l'État, résolut aussi de demander à celui-ci, — avec les lettres patentes garantissant cet emprunt, — l'autorisation, à cet effet, d'engager et de vendre à perpétuité, entre autres portions du domaine de la Ville, son *petit Arsenal*, encore franc et quitte de toute hypothèque (2). Mais cette aliénation n'eut pas encore lieu pour cette fois.

Ce ne fut que près de quarante ans plus tard qu'elle se fit, mais pour une tout autre cause. En effet, des lettres patentes du Roi, données en août 1686, accordaient aux prévôt des marchands et échevins de Paris la permission de vendre, par voie d'adjudication, les maisons, bâtiments et places composant le *petit Arsenal*, afin de s'acquitter des acquisitions et des emprunts qu'ils avaient faits pour subvenir aux dépenses nécessaires à la construction de la Place des Victoires. Ces lettres patentes furent homologuées par un arrêt du parlement du 4 février 1687 (3).

Pour commencer, une première portion du *petit Arsenal*, de 260 toises, fut aussitôt cédée aux sieurs Nicolas Clairambault, commis de M. le marquis de Seignelay, secrétaire d'État, et Michel Ancel, chevalier, sieur des Granges, secrétaire du Roi, en échange de leur hôtel de Rambouillet, que la Ville leur avait récemment pris pour l'agrandissement de la Place des Vic-

(1) Sauval, t. II, p. 326.

(2) Leroux de Lincy et Douët d'Arcq, *Registres de l'Hôtel de Ville pendant la Fronde*, Paris, 1846, t. Ier, p. 187.

(3) Félibien et Lobineau, *Histoire de la Ville de Paris*, t. V, p. 231b.

toires (1). Cette portion, située rue Payenne, tenait d'un bout à l'ancien hôtel d'Orgeval, et d'autre bout à la rue du Parc-Royal.

C'est alors que l'on vit Michel Le Pelletier, le récent acquéreur de l'hôtel d'Orgeval, acheter successivement diverses autres parties de ce qui restait du *petit Arsenal,* afin de donner à l'hôtel, qu'il était en train de faire construire, tout le développement dont il avait besoin.

C'est ainsi que, le 17 juillet 1687, alors que cette demeure est encore inachevée, et qu'il habite encore rue de la Perle, Michel Le Pelletier se fit adjuger une bande de terrain de 242 toises, y compris les bâtiments qui étaient dessus, longeant son hôtel sur une largeur de 6 toises, et aboutissant rue Payenne d'une part, et d'autre part, rue Culture-Sainte-Catherine, sur une longueur de 40 toises 2 pieds. Dans le contrat de cette adjudication, il est tout d'abord rappelé que, ayant été obligée, afin d'exécuter les ordres du roi, d'acquérir diverses maisons pour former la Place des Victoires, la Ville, pour subvenir à ces dépenses, vendait son *petit Arsenal*, dont les vieux bâtiments tombaient en ruine, et dont la superficie totale de 1,100 toises ne produisait plus que 1,500 livres de loyer par an, lequel produit n'était plus en rapport avec sa valeur totale; et qu'en conséquence, la Ville aliénait ce domaine en vertu d'un arrêt du Parlement du 4 février 1687; mais qu'il serait sursis à la vente de la partie occupée, suivant un bail emphythéotique, par le sieur Le Jay, conseiller au Parlement, laquelle partie s'étendait sur la rue Culture Sainte-Catherine depuis le coin de la rue du Parc-Royal, jusqu'à l'hôtel de M. Le Pelletier. Le 26 septembre suivant, Pierre Bullet dressait le procès-verbal des mitoyennetés de l'hôtel Le Pelletier avec le terrain de la Ville, contradictoirement avec Jean Beausire, architecte juré du Roi, maître des œuvres de la Ville (2).

Le 4 juillet 1690, Michel Le Pelletier faisait une nouvelle

(1) *Archives Nationales,* S. 1016; — L'hôtel dont il s'agit est celui du financier Rambouillet de la Sablière, qui était situé à l'angle des rues Vide-Gousset et du Mail, et dont les bâtiments s'étendaient jusqu'à l'angle de la Place des Victoires et de la rue des Fossés-Montmartre (rue d'Aboukir).

(2) Jean Beausire fut architecte de la Ville de Paris de 1703 à 1706. On a encore de lui la fontaine située à l'extrémité actuelle de la rue des Francs-Bourgeois, contre le palais des Archives, et construite en 1705. Il mourut en 1743, âgé de quatre-vingt-cinq ans, ayant été membre de l'Académie royale d'architecture.

acquisition sur le *petit Arsenal* d'une partie de 33 toises 1/2, tenant d'une part au long du jardin de son hôtel, d'autre part à une place restant à adjuger et occupée par les équipages de M. de la Cour des Bois, maître des Requêtes, aboutissant par devant à la maison de M. Le Jay, et par derrière à la place donnée aux sieurs Clairambault et des Granges, en échange de leur hôtel de Rambouillet (1).

Le 27 juillet suivant, M. Le Pelletier achetait de MM. Clairambault et des Granges la place que la Ville leur avait cédée par échange; mais le même jour, il en passait déclaration pour 216 toises au profit de dame Marguerite-Louise de Béthune, duchesse du Lude, veuve de feu Mre Henry de Daillon, duc du Lude, grand-maître et capitaine-général de l'artillerie de France (2), ne conservant, pour lui-même, que le surplus, c'est-à-dire environ 43 toises, faisant suite aux 33 toises et demie précédemment acquises par lui, et longeant son jardin jusqu'à la rue Payenne (3).

Le 9 juin 1693, dans le but de communiquer à couvert de son appartement avec son orangerie, M. Le Pelletier achetait encore, du *petit Arsenal*, une petite place enclavée, de 15 toises 1/2 de surface, qui faisait partie d'une cour occupée par les remises et écuries de M. le conseiller Le Jay, et située dans le prolongement de l'orangerie.

Le 26 mai 1698, M. Le Pelletier reprenait, moyennant argent, à Mme du Lude une autre petite bande de 3 pieds pour élargir encore son orangerie.

(1) *Archives Nationales,* S 1016.

(2) Les du Lude avaient leur hôtel de l'autre côté de la rue Payenne (au no 11 actuel). En 1728, cet hôtel était devenu de Meaupou; sous la fin du règne de Louis XV, la duchesse douairière de Châtillon en était propriétaire, et y tenait d'une part à M. d'Argouges et d'autre part à M. d'Hérault. En 1789, M. Hoquart, procureur général à la Cour des Aides, y tenait ses bureaux.

(3) Le 11 janvier 1719, ladite duchesse du Lude vendait à Thomas Aubry, orfèvre, les 216 toises que lui avait cédées Le Pelletier, et sur l'emplacement desquelles elle avait fait construire des maisons et des boutiques (*Arch. Nat.*, S 1016). En 1773 la partie de cette place située au coin des rues Payenne et du Parc-Royal, appartenait au président d'Aligre; le restant sur la rue du Parc-Royal où il y avait des écuries et des remises, était la propriété du sieur Denis Messager, officier mesureur de grains, qui l'avait acquis de dame Marie-Hélène Longuet, veuve de Jacques Olivier de Vigny, marquis de Courquetaine, conseiller du Roi, dont l'hôtel était situé vis-à-vis, au n° 10 de la rue du Parc-Royal.

Le 30 mai suivant, le conseiller Le Jay consentait à ce que M. Le Pelletier acquît une autre portion du *petit Arsenal*, occupée par les équipages de MM. de Chamillard, intendant des Finances, et de la Cour des Bois, maître des Requêtes, et dont il avait encore besoin pour agrandir l'orangerie : laquelle place faisait partie des lieux baillés emphythéotiquement au sieur Le Jay (1).

La dernière acquisition de Michel Le Pelletier date du 16 juin 1698. Il s'agit d'une bande de terrain de 99 toises 7 pieds en surface, lui permettant de s'ouvrir un passage sur la rue du Parc-Royal et faisant aussi partie du *petit Arsenal*; tenant, d'une part, à la duchesse du Lude et à la basse-cour de Mme de la Cour des Bois, et d'autre part à M. Le Jay, et aboutissant par derrière au mur de l'orangerie. Ce passage existe encore et n'a pas cessé de faire partie de la propriété.

Le même jour, M. Le Pelletier distrayait de cette dernière acquisition, au profit du sieur Jean-Louis Girardin de Vauvray, conseiller d'État et intendant de la marine du Levant, une portion de 33 toises 1/2 et 15 pieds, dont celui-ci avait besoin pour bâtir des communs, tenant, d'une part, à M. Le Jay, d'autre part, aux remises des carrosses du sieur de la Cour des Bois (2). Comme par le passé, toutes les acquisitions de M. Le Pelletier furent soumises aux mêmes charges de cens et de lots et ventes envers l'abbé de Saint-Victor, ainsi qu'au paiement du douzième denier au prieur de Sainte-Catherine.

(1) Suivant Lefeuve, les propriétaires du coin de la rue Culture-Sainte-Catherine et de la rue du Parc-Royal furent Le Jay, gouverneur d'Aire, puis Feydeau de Brou, dont les héritiers y eurent pour locataire le marquis de Perusse ou Péreuse.

(2) Louis Girard, chevalier, seigneur de la Cour des Bois, conseiller d'État et maître des requêtes, était époux, sans communauté de biens, d'Anne de Villiers, veuve de Pierre Girardin, écuyer, conseiller-secrétaire du Roi; elle avait eu de son premier mariage : 1° Jean-Louis Girardin, chevalier, sieur de Vauvray, intendant de la marine du Levant; 2° et Jean Girardin, chevalier, sieur des Préaux (*Arch. Nat.*, S 1016). Le sieur de la Cour des Bois habitait rue du Parc-Royal, en face de la rue Culture-Sainte-Catherine, dans une grande maison, qui passa, après sa mort, à l'un de ses beaux-fils, le sieur de Vauvray, et qu'occupait, en 1713, la marquise de Canillac. En 1742, dame Louise de Bellinzani, veuve du sieur de Vauvray, possédait encore cette maison, remarquable par sa façade en brique et pierre de style Louis XIII et les huit lucarnes qui la couronnent. Elle avait appartenu, en 1652, au président Bordier, et s'appelait l'*hôtel des Fusées*.

IV

D'une famille originaire du Mans, qui se distingua dans la magistrature, l'acquéreur de l'ancien hôtel d'Orgeval, Michel Le Pelletier, seigneur de Souzy, était le plus jeune des fils de Louis Le Pelletier, secrétaire d'État au département de la guerre, en 1624; il avait, pour frère aîné, Claude Le Pelletier, seigneur de Montméliand et de Mortefontaine, qui fut prévôt des marchands de 1668 à 1675 (1), puis successeur de Colbert au contrôle général des Finances. Les armes des Le Pelletier étaient : *d'azur à une croix pattée d'argent, chargée en cœur d'un chevron de gueules accosté de deux molettes de sable et en pointe d'une rose de gueules boutonnée d'or.*

Michel Le Pelletier qui, de conseiller au Parlement, était successivement devenu intendant de Franche-Comté et de Flandre, en 1668, puis conseiller d'État, en 1683, et intendant des Finances, l'année d'après, avait été, en 1691, après la mort de Louvois, nommé par Louis XIV directeur général des fortifications. Cette nouvelle fonction, créée tout exprès pour lui, l'obligeait à venir conférer avec le roi toutes les semaines, pour lui rendre compte de ses travaux, au grand dépit de l'historien Saint-Simon, qui, dans sa morgue frondeuse, ne pouvait admettre qu'un robin pût s'occuper des choses où Vauban s'était acquis une réputation européenne; « mais, dit-il, c'était

(1) Le quai construit, en 1673, par Pierre Bullet, entre la place de l'Hôtel-de-Ville et le Pont Notre-Dame, a longtemps porté le nom de *quai Pelletier,* en l'honneur de Claude Le Pelletier, dont l'hôtel était situé Vieille-rue-du-Temple. Cet hôtel avait appartenu, avant lui, à la famille d'Effiat; il a disparu depuis plusieurs années pour faire place à la rue du Trésor. Un arrière-descendant direct de Claude Le Pelletier fut Louis Le Pelletier, marquis de Montméliand, sieur de Mortefontaine, qui fut aussi prévôt des marchands, de 1784 à 1788. La *rue Le Pelletier* actuelle, ouverte en 1786, lui doit sa dénomination.

le règne de la robe pour tout (1) ». Le duc d'Orléans, devenu régent du royaume, jugea convenable de charger un militaire de la direction des fortifications. Mais en remerciant Le Pelletier, il voulut lui conserver les appointements d'une place qu'il avait remplie avec tant de zèle et de fidélité; il fut impossible de lui rien faire accepter. Au milieu de tant d'occupations, il avait trouvé le loisir de cultiver son goût pour les lettres; en 1701, il fut admis à l'Académie des Belles-Lettres, à titre de membre honoraire. Sur la fin de ses jours, ayant complètement renoncé aux affaires, il se retira à l'abbaye de Saint-Victor, où il mourut en 1725, âgé de quatre-vingt-six ans. Saint-Simon a insinué que ce fut à la suite de quelques différends survenus entre lui et son fils, Le Pelletier des Forts, avec qui il partageait sa belle demeure de la rue Culture-Sainte-Catherine, qu'il prit le parti de cette retraite, « dont il sentit le poids et le vide, et qu'il ne soutint que par la honte de la variation (2) ». Il quitta cependant quelquefois l'abbaye de Saint-Victor, pour venir, à son château de Ménilmontant, passer le temps des vacances dans le sein de sa famille (3). Après sa mort, l'hôtel de la rue Culture Sainte-Catherine passa à son fils aîné, Michel-Robert Le Pelletier, seigneur des Forts et de Saint-Fargeau (4).

Mais, avec ce nouveau propriétaire, l'hôtel perdit un tant soit peu de son parfum de probité et de vertu. Après avoir été successivement conseiller au Parlement, maître des Requêtes, intendant des Finances et conseiller d'État, Le Pelletier des Forts avait été nommé membre du conseil de la Régence en 1719, puis contrôleur général des Finances en 1726, enfin

(1) Saint-Simon, *Mémoires,* édition Hachette, 1856, in-18, t. II, p. 419.

(2) *Ibidem.,* t. XVIII, p. 87 et t. XIX, p. 313.

(3) Ce sont les Le Pelletier qui firent construire le château de Ménilmontant, dont les jardins étaient très vastes et très beaux. Après la mort de Michel Le Pelletier de Souzy, il passa à son fils, Le Pelletier des Forts, sieur de Saint-Fargeau, et ses descendants en sont restés propriétaires jusqu'après la Révolution. Depuis lors, ce domaine a été vendu par lots, et les arbres de son parc sont tombés sous la cognée.

(4) La seigneurie de Saint-Fargeau, ainsi nommée d'une petite ville de Puisaye, était anciennement un comté, qu'avait possédé Mlle de Montpensier et qu'elle légua au duc de Lauzun, par testament du 27 février 1685; celui-ci le vendit ensuite à Le Pelletier des Forts. Mais, étant sortie de la lignée en faveur de laquelle elle avait été érigée en comté, cette seigneurie n'était plus qu'une baronnie.

ministre d'État en 1729, lorsqu'il dut, l'année suivante, se démettre de ces hautes fonctions, à la suite d'un scandale financier où il était des plus gravement compromis. La compagnie des Indes venait d'être victime d'un détournement d'actions s'élevant à une valeur de 5 à 6 millions. Bien que le dépositaire de ces valeurs eût été aussitôt mis à la Bastille, on assurait que non seulement c'était Le Pelletier qui avait ordonné le détournement, mais encore que c'étaient sa femme (1) et son beau-frère, M. de Lamoignon de Courson, conseiller d'État, qui avaient fait le coup eux-mêmes, d'après ses ordres; si bien qu'il fut remercié par le roi, le 19 mars 1730. Une nuit, on afficha à la porte de son hôtel du Marais, en manière d'écriteau : « *Maison à brûler; maître à rouer; femme à pendre et commis à pilorier* (2) ».

Le Pelletier des Forts mourut, le 11 juillet 1740, âgé de soixante-cinq ans, ayant, un an auparavant, perdu son fils unique, mort à l'âge de vingt-six ans, Anne-Michel-Louis Le Pelletier de Saint-Fargeau, conseiller au parlement, qui avait épousé, en 1735, une fille d'Étienne Aligre, président à mortier, et laissait d'elle Michel-Étienne Le Pelletier, baron de Saint-Fargeau, et Madeleine-Charlotte, laquelle épousa, en 1754, Marc d'Alsace-Hénin-Liétard, prince de Chimay. Il avait acquis, place Vendôme, un hôtel, qui passa plus tard aux mains de sa fille, la princesse de Chimay (3).

Pendant la minorité de Michel-Étienne Le Pelletier et de sa sœur Madeleine-Charlotte, l'hôtel de la rue Culture-Sainte-Catherine fut loué à Me Jean-Baptiste-Louis-Thomas, seigneur de Pange, écuyer, trésorier général de l'extraordinaire des guerres, et à son épouse, dame Françoise de Thumery, suivant un bail de neuf années, passé le 11 mars 1745, devant Charles-Louis Quentin et Dominique-Jean Camus, notaires à Paris. Ce bail dut être renouvelé, car l'*Almanach Royal* nous montre ledit Thomas de Pange habiter l'hôtel des Saint-Fargeau jusqu'en 1763. Pendant ce temps-là, les Saint-Fargeau demeurèrent d'abord rue de Bourbon-Saint-Germain jusqu'en 1755, puis rue d'Enfer-Saint-Michel jusqu'en 1763.

(1) Il avait épousé, le 14 septembre 1766, Marie-Madeleine de Lamoignon, fille de Nicolas de Lamoignon, comte de Launay-Courson, conseiller d'État.

(2) *Journal de l'avocat Barbier*, édition de la Société de l'Histoire de France, t. Ier. pp. 303 et 304.

(3) Lefeuve, *Les anciennes maisons de Paris*, t. III, p. 222.

Lorsque Michel-Étienne Le Pelletier de Saint-Fargeau revint, en 1763, habiter l'hôtel de ses pères, il y avait déjà un an qu'il avait, en qualité d'avocat général au Parlement, présenté son fameux rapport, sur les conclusions duquel les Jésuites furent bannis de France; il y mourut de la petite vérole en septembre 1778, président à mortier depuis quatorze ans. Il avait épousé en premières noces sa cousine, Louise-Suzanne Le Pelletier de Beaupré, morte en 1762; deux ans après il convolait, en deuxièmes noces, avec une fille d'Élie Randon de Massanne, receveur général des Finances. De son premier mariage, il eut Louis-Michel Le Pelletier de Saint-Fargeau, et du second, Félix Le Pelletier des Forts.

Au moment de la Révolution, ces deux derniers, ainsi que l'indiquent les almanachs du temps, résidaient ensemble à l'hôtel de la rue Culture-Sainte-Catherine, que nous appellerons désormais *hôtel de Saint-Fargeau.* L'aîné avait déjà fait ses preuves, d'abord comme avocat général, puis comme président à mortier, lorsqu'il fut élu député de la noblesse aux Etats généraux de 1789; tandis que son frère, Félix des Forts, qui avait embrassé la carrière des armes, était alors aide-de-camp du prince de Lambesc.

Entraîné par les idées de son époque, Le Pelletier de Saint-Fargeau avait de bonne heure embrassé la cause démocratique; déjà, il avait fait décréter, en 1790, l'abolition des titres nobiliaires. Nommé à la Convention, il vota la mort du roi sans appel ni sursis, et son vote entraîna celui de ses amis et décida la majorité. Le soir même, 20 janvier 1793, il était assassiné, dans un restaurant du Palais-Royal, par un ci-devant garde du corps, qui se vengeait ainsi de son vote régicide. Transporté mourant à son hôtel du Marais, il y rendit le dernier soupir, après avoir prononcé ces paroles bien dignes d'un Romain : « *Je meurs satisfait, je meurs pour la liberté de mon pays* ». Bien qu'on ait contesté l'authenticité de cette phrase héroïque, elle est trop en rapport avec l'ardeur des sentiments républicains que Le Pelletier n'avait cessé de témoigner, pour que l'histoire ait le droit de l'effacer (1). Le lendemain, la mort de Louis XVI ratifiait le vote de la Convention. Trois jours après, sur un décret qui décernait à Le Pelletier des obsèques grandioses, son corps fut porté place Vendôme; et là, vis-à-vis

1) Édouard Fournier, *L'esprit dans l'Histoire,* Paris, 1865, in-12, p. 385.

de l'hôtel que son aïeul avait acheté, il fut exposé sur le piédestal même d'où, cinq mois auparavant, la statue de Louis XIV avait été renversée; puis le cortège de ses funérailles défila devant sa dépouille ensanglantée, qui fut ensuite triomphalement conduite au Panthéon.

Le Pelletier n'avait que trente-trois ans lorsqu'il mourut; il laissait une jeune enfant, Suzanne-Louise de Saint-Fargeau. Au lendemain de la funèbre apothéose de son père, elle fut présentée, par son oncle Félix des Forts, à la Convention, qui l'adopta au nom de la Nation. Par suite d'un revirement politique, le décret qui avait accordé à Le Pelletier les honneurs du Panthéon ayant été rapporté le 8 février 1795, le corps fut rendu à la famille, qui lui fit ériger un tombeau dans le parc du château de Ménilmontant (1).

Cependant, Mlle de Saint-Fargeau avait hérité des richesses de son père, et devenait par sa beauté et sa situation de fortune un parti des plus enviables, lorsqu'elle épousa, en 1798, un jeune Hollandais nommé de Witt qui avait eu l'avantage de lui plaire. Ce mariage eut lieu contre les intentions de son oncle, Félix des Forts, qui était son tuteur, et qui alla jusqu'à invoquer l'autorité du Directoire et du Corps législatif pour l'entraver. Mais un décret du Conseil des Cinq-Cents ayant reconnu que la loi qui avait adopté Mlle de Saint-Fargeau ne donnait au gouvernement aucun droit sur elle, des Forts fut obligé de consentir à ce mariage. Le jeune de Witt ne rendit pas sa femme heureuse. Au bout de deux ans, le divorce rompit leur union, et Mlle de Saint-Fargeau épousa plus tard son cousin Léon-François-Louis Le Pelletier de Mortefontaine, l'un des plus zélés partisans de la cause royale, lequel, après s'être distingué à la tête du parti qui provoqua avec tant d'ardeur le retour des Bourbons en 1814, périt si malheureusement, peu de temps après, d'une chute de cheval. Sa veuve lui survécut quelques années. Quant à Félix des Forts, il avait, aussitôt après le meurtre de son frère, embrassé la cause démocratique. On le vit, plus tard, impliqué dans la conspiration de Babeuf; pendant les Cent-Jours, il fut élu membre des représentants; proscrit par la Restauration, il rentra en France en 1820, et mourut dans la retraite et l'obscurité, le 3 janvier 1837.

(1) E. de Labédollière, *Le nouveau Paris*, p. 308, col. 2.

L'hôtel de Saint-Fargeau, dont, sans aucun doute, Félix des Forts avait conservé la jouissance pendant la Révolution, revint de droit à sa nièce, devenue Mme de Mortefontaine. Cependant elle ne paraît point y avoir beaucoup habité. Semblable à la plupart de ces vastes hôtels du Marais que la noblesse semblait avoir désertés pour y laisser s'installer ces établissements d'enseignement qu'Édouard Fournier a traités si dédaigneusement d' « auberges pédagogiques (1) », l'hôtel de Saint-Fargeau devint, de 1803 à 1810, l'institution Le Chevalier, à laquelle succéda l'institution Duprat de 1810 à 1822.

C'est enfin pendant la durée de ce dernier bail, que, suivant contrat du 10 mai 1811, Mme de Mortefontaine vendit l'hôtel de Saint-Fargeau à M. Jean-Louis-Lefebvre, mécanicien. Il passa ensuite aux deux filles de ce dernier, Mmes Morel et Chapeaux, qui le cédèrent par voie d'adjudication à M. Paillard, le 12 février 1856. L'institution Duprat y avait subsisté jusqu'en 1822, pour être remplacée par celle de M. Saint-Amand Cimttière, qui était déjà en bonne voie de prospérité lorsque, en 1837, elle passa aux mains de M. Jauffret, qui lui conquit rapidement une réputation des plus sérieuses parmi les établissements de ce genre. M. Jauffret étant mort en 1856, il se forma aussitôt une société composée de professeurs et d'anciens élèves de l'institution pour exploiter l'établissement avec M. Courgeon, l'ancien précepteur du duc de Chartres, comme directeur. En 1860, l'institution, qui n'avait cessé de porter le nom de Jauffret, quitta l'hôtel de Saint-Fargeau, pour être transférée au n° 6 de la place Royale. Parmi les élèves qui se sont distingués à l'institution Jauffret, il faut nommer Grenier, prix d'honneur de rhétorique en 1842; About, prix d'honneur de philosophie en 1848; puis les deux frères Tardieu, Zeller, Louis Ulbach, les acteurs Brasseur et Got, Alex. Pey, Tissot, les deux fils de Victor-Hugo (Charles et François), G.-E. Raspail, etc., etc. (2).

En attendant l'acquisition définitive de l'hôtel de Saint-Fargeau par la Ville de Paris, Mmes Garnier et Reveilhac, filles de

(1) Édouard Fournier, *Promenade historique dans Paris*, 1894, in-12, pp. 250 et 251.

(2) E. de Ménorval, *Les Jésuites de la rue Saint-Antoine, l'église Saint-Paul-Saint-Louis et le lycée Charlemagne,* Paris, Aubry, 1872, in-8°, pp. 291 à 297.

M. Paillard, restent actuellement propriétaires de l'immeuble, dont les dépendances sur le jardin sont encore occupées, jusqu'à expiration de bail, par quelques industries. Avant peu, cependant, la Ville aura installé sa bibliothèque dans les vastes salles, à présent vides, de cette honorable demeure, assurée désormais d'une conservation plus certaine et d'une destination plus digne de son passé.

Charles SELLIER.

Extrait de la *Correspondance historique et archéologique*
(Année 1895).

SAINT-DENIS. — IMPRIMERIE H. BOUILLANT, 20, RUE DE PARIS

www.ingramcontent.com/pod-product-compliance
Ingram Content Group UK Ltd.
Pitfield, Milton Keynes, MK11 3LW, UK
UKHW022154260726
13993UKWH00005B/2369

9 782329 173603